BEI GRIN MACHT SICH IHR WISSEN BEZAHLT

- Wir veröffentlichen Ihre Hausarbeit,
  Bachelor- und Masterarbeit

- Ihr eigenes eBook und Buch -
  weltweit in allen wichtigen Shops

- Verdienen Sie an jedem Verkauf

Jetzt bei www.GRIN.com hochladen
und kostenlos publizieren

Marketingkonzept zur Neukundengewinnung und Kundenbindung. Marktanalyse, strategische Marketingplanung und Kommunikationskonzept

Dominik Conrad

Bibliografische Information der Deutschen Nationalbibliothek:

Die Deutsche Nationalbibliothek verzeichnet diese Publikation in der Deutschen Nationalbibliografie; detaillierte bibliografische Daten sind im Internet über http://dnb.d-nb.de abrufbar.

ISBN: 9783346439123
Dieses Buch ist auch als E-Book erhältlich.

© GRIN Publishing GmbH
Nymphenburger Straße 86
80636 München

Druck und Bindung: Books on Demand GmbH, Norderstedt Germany
Gedruckt auf säurefreiem Papier aus verantwortungsvollen Quellen

Das Buch bei GRIN: https://www.grin.com/document/1030113

Deutsche Hochschule für
Prävention und Gesundheitsmanagement
Hermann Neuberger Sportschule 3

X   **Hausarbeit**

—   **Skript**

Name, Vorname:	**Conrad, Dominik**
Matrikelnummer:	
Modul:	**Marketing**
Studiengang:	**MBA Sport-/Gesundheitsmanagement**
Datum Präsenzphase:	**01.03.2021-04.03.2021**
Studienort:	**Saarbrücken**

Inhaltsverzeichnis

1 Vorstellung des Unternehmens + neue(s) Produkt / Dienstleistung

1.1 Beschreibung des Unternehmens

Das Unternehmen meiner Wahl ist ein fiktives Einzelunternehmen. Bei dem Unternehmen handelt es sich um ein etabliertes, inhabergeführtes Fitnessstudio mit dem Namen „Connys Kraftstube". Demnach ist das Unternehmen in der Fitness- und Gesundheitsbranche tätig. Etwa 1.500 Mitglieder konnte das Studio mittlerweile aufbauen. Das Studio befindet sich in Friedrichshafen, einer Stadt am Bodensee in Süddeutschland. Die Anschrift des Studios ist die Friedrichsstraße 37, in 88045 Friedrichshafen. Der Standort des Studios ist somit an einem Knotenpunkt der Stadt, das bedeutet zwischen (Bus-) Bahnhof und Uferpromenade.

Das Hauptangebot des Studios ist bisher das klassische Krafttraining. Angeboten werden allerlei Krafttrainingsmaschinen, Seilzüge und typische Gerätschaften für Freihanteltraining, wie Hantelbänke, Squat Racks, Kurz- und Langhanteln. Außerdem findet man im Studio Cardiogeräte und eine Bar mit frisch gemixten Eiweißshakes. Trainer beaufsichtigen die komplette Öffnungszeit über den Trainingsbereich und bieten außerdem Leistungen wie Trainingsplanerstellung und Personal Training an. Durch die angebotenen Leistungen beschränkt sich die Hauptzielgruppe des Unternehmens bisher auf die Altersgruppe der 15-64-Jährigen.

1.2 Beschreibung des neuen Produktes / der neuen Dienstleistung

Da das Fitnessstudio noch ungenutzte Räumlichkeiten vor Ort zur Verfügung hat, möchte das Unternehmen in Zukunft auch Kurse anbieten. Das Unternehmen möchte einen Kursraum einrichten und zur Einführung mit zwei unterschiedlichen Kursen starten. Diese werden jeweils zweimal pro Woche angeboten.

1.2.1 Produktpolitik

Da das Unternehmen mit den Kursen eine für das Unternehmen neue Dienstleistung anbieten möchte, spricht man im Rahmen der Produktpolitik von einer Produktinnovation (genauer: Mee-too-Produkt). Weiter handelt es sich um eine Diversifikation, da das Unternehmen auf einem neuen Markt aktiv wird (Jung, 2006, S. 615 ff.).

Zudem ist zur Produktpolitik zu sagen, dass die Kurstrainer lizensiert sind, und somit eine hohe Qualität der Kurse sichergestellt werden soll. Durch die zwei neu angebotenen Kurse entstehen Verbundeffekte. Es entsteht ein Bedarfsverbund, da die Kunden zu einem klassischen Krafttraining zusätzlich noch das Kursangebot wahrnehmen können. Außerdem entsteht ein Auswahlverbund, da das klassische Krafttraining auch durch die Kurse ersetzt werden kann (Barth, Hartmann & Schröder, 2007, S. 177 f.).

Beide Kurse starten mit einer Dauer von 45 Minuten. Ein Kurs mit dem Namen „Bodyweight Workout" soll immer montags und donnerstags um 19 Uhr stattfinden. Hierbei handelt es sich um ein Trainingsprogramm, bei dem ausschließlich mit dem eigenen Körpergewicht trainiert wird. Der Grundnutzen für den Kunden ist hierbei, die Abwechslung zum herkömmlichen Trainingsalltag und das Setzen eines neuen (oder zusätzlichen) Trainingsreizes.

Der zweite Kurs nennt sich „Stretching und Mobility" und soll immer dienstags und freitags um 18 Uhr stattfinden. Hierbei handelt es sich um einen Kurs, bei welchem Dehnübungen und Mobilitätsübungen durchgeführt werden. Der Grundnutzen für den Kunden ist die Herstellung und das Beibehalten der körperlichen Beweglichkeit, im Alltag und auch im Training.

Durch beide Kurse soll der Trainingserfolg zusätzlich vorangetrieben werden. Der Zusatznutzen beider Kurse ist das Kennenlernen neuer Leute und das Erschaffen eines Zugehörigkeitsgefühls zu einer Gruppe. Soziale Kontakte werden geknüpft und der Kunde fühlt sich dem Studio insgesamt mehr verbunden.

1.2.2 Distributionspolitik

Einen Absatzkanal im Sinne der Distributionspolitik stellt ausschließlich das Fitnessstudio selbst dar. Es werden keine Haustürgeschäfte durchgeführt. Da das Studio ein Einzelunternehmen ist, wird auch kein Franchisesystem vertrieben. Man kann von einem direkten Absatz sprechen, da die Kunden direkt vor Ort das Kursangebot erfahren, bzw. die

Dienstleistung (die Mitgliedschaft, das Kurs-Abo) direkt vertrieben wird (Bruhn & Meffert, 2012, S. 578).

Lagerung und Transport entfallen bei Dienstleistungen, da die Leistungserstellung direkt vor Ort geschieht. Durch den zentralen Standort des Unternehmens kann das Studio vom Kunden leicht erreicht werden und das Kursangebot ist somit „schnell verfügbar". Ein gut zu erreichender Standort hat im Bereich der Dienstleistungen aus Kundensicht eine besonders hohe Relevanz (Bruhn & Meffert, 2012, S. 578).

1.2.3 Kontrahierungspolitik

Bisher bot das Studio ausschließlich Mitgliedschaften mit einer Laufzeit von 12 Monaten, für einen Preis von 11,90€ pro Woche an. Durch die Einführung des Kursangebotes entsteht eine zweite Möglichkeit. Die Mitglieder haben die Möglichkeit, als Upgrade die Kurse hinzuzubuchen und zahlen hierfür einen Aufpreis von 2,00€ pro Woche (Gesamtpreis = 13,90€ pro Woche). Hierbei kann das Upgrade mit einer Frist von 3 Monaten wieder gekündigt werden.

Das Preissystem wurde so gewählt, dass eine Mitgliedschaft mit Kurs-Abo insgesamt attraktiver wirkt, ohne aber einen erheblichen Aufpreis darzustellen. Eine Vergünstigung für Personengruppen wie Studenten oder Senioren wird nicht angeboten. Ein reines Kurs-Abo, ohne Mitgliedschaft im Studio, ist nicht möglich. Der Preis orientiert sich weder an Erfahrungen des Unternehmens, noch an Mitbewerbern. Mittels kostenorientierten Rechenverfahren wurde ein angemessener Preis für das Kursangebot bestimmt.

1.3 Abgrenzung des neuen Marktes

Der bisherige Markt des Unternehmens belief sich auf die Zielgruppe der Personen, die ausschließlich Krafttraining absolvieren möchten. Geschuldet durch das bisherige Angebot (siehe 1.1) ist die Zielgruppe somit stark eingegrenzt worden. Durch das neu eingeführte Kursangebot wird nun außerdem die Zielgruppe der Personen angesprochen, die gerne Kurse, oder Kurse und Krafttraining, absolvieren möchten. Die gesamte Zielgruppe des Fitnessstudios erweitert sich und schafft so für das Unternehmen einen neuen Markt.

2 Marktanalyse

2.1 Bestimmung des Marktgebietes

Das Marktgebiet des Unternehmens beläuft sich auf das gesamte Stadtgebiet der Stadt Friedrichshafen. Durch die gute Verkehrsanbindung von Bus und Bahn lässt sich das Fitnessstudio von der gesamten Stadt aus gut und relativ schnell erreichen.

Um dies nochmals, durch ein pragmatisches Verfahren, grafisch darstellen zu können, wurde die Zeit-Distanz-Methode angewendet. Bei dieser Methode wird davon ausgegangen, dass (potentielle) Kunden die Erreichbarkeit des Studios in Abhängigkeit von der Zeit beurteilen, welche sie aufwenden müssen, um das Studio zu erreichen (Zimmermann, 2002, S. 43 ff.).

Bei der nachfolgenden Abbildung (Abb. 1) wurde die Zeit-Distanz-Methode am Standort des Studios „Connys Kraftstube" angewendet. Der Standort selbst ist durch einen roten Pfeil markiert. Die rote Isochrone begrenzt das Gebiet, in welchem das Fitnessstudio innerhalb von maximal 10 Minuten mit dem Bus oder der Bahn erreicht werden kann.

Es wird davon ausgegangen, dass potentielle Kunden maximal 10 Minuten in Anspruch nehmen, um ein Fitnessstudio zu erreichen. Unter dieser Annahme deckt sich das (in Abb. 1) markierte Gebiet größtenteils mit allen Stadtteilen der Stadt Friedrichshafen (Stadtverwaltung Friedrichshafen, 2021).

Es wird daher dieses Markgebiet zur näheren Analyse herangezogen.

Abb. 1: Marktgebiet des Unternehmens (modifiziert nach FOSSGIS e.V., 2021)

2.2 Analyse des Makroumfeldes

Die Stadt Friedrichshafen, und somit auch das Marktgebiet des Unternehmens, zählen (Stand 31.03.2019) insgesamt 61.019 Einwohner (Statistisches Landesamt Baden-Württemberg, 2019).

Hierbei erfasste das Statistische Landesamt Baden-Württemberg (2019) einen Anteil von 49,7% männlicher Einwohner und 50,3% weiblicher Einwohner.

2018 lag die Einwohnerzahl Friedrichhafens noch bei 60.865 Einwohnern (Statistisches Bundesamt, 2019) und Ende 2009 noch bei 58.726 Einwohnern (Kulling, 2011, S. 48). Es lässt sich folglich festhalten, dass die Bevölkerung stetig wächst. Dies stellt einen guten Indikator für das zukünftige Marktpotential des Standortes dar.

Ein weiterer demografischer Faktor ist die Altersstruktur des Marktgebietes. In nachfolgender Abbildung (Abb. 2) wird ersichtlich, dass die Hauptzielgruppe des Unternehmens (15-64-Jährige) zu ca. 64% in Friedrichshafen vertreten ist.

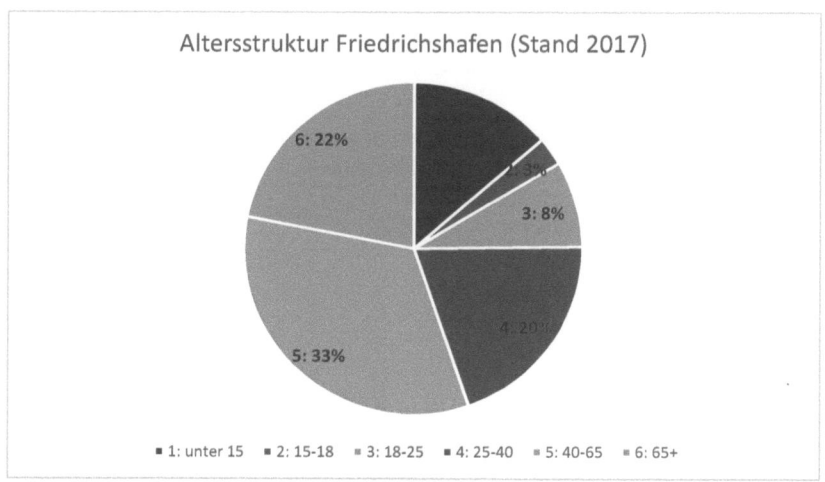

Altersstruktur Friedrichshafen (Stand 2017)

6: 22%

3: 8%

5: 33%

4: 20%

- 1: unter 15 - 2: 15-18 - 3: 18-25 - 4: 25-40 - 5: 40-65 - 6: 65+

Abb. 2: Altersstruktur Friedrichshafen (modifiziert nach Stadtverwaltung Friedrichshafen, 2019)

Dabei liegt dieser Wert sehr nahe an dem deutschen Durchschnitt, welcher 64,6% beträgt (Statistisches Bundesamt, 2020, zitiert nach Statista 2020).

Auch dieser Faktor ist sehr zufriedenstellend, da genügend potentielle Kunden der Alterszielgruppe vorzufinden sind.

Zu den zu beachtenden wirtschaftlichen Faktoren zählt insbesondere die Kaufkraft. Im Landkreis Bodenseekreis, welchem Friedrichshafen angehört, liegt laut Michael Bauer Research GmbH (2020) der Kaufkraftindex im Jahre 2020 bei 114,7 und damit deutlich über dem deutschen Durchschnitt (Referenzwert für Deutschland = 100). Dies entspricht einem verfügbaren Nettoeinkommen von 26.669€ jährlich pro Einwohner.

Zur Einkommensverteilung der Stadt Friedrichshafen, oder dem zugehörigen Landkreis Bodenseekreis, ließ sich keine seriöse Statistik auffinden. Daher wird in nachfolgender Abbildung (Abb. 3) die Einkommensverteilung in Deutschland allgemein herangezogen.

Abb. 3: Einkommensverteilung (modifiziert nach Bundeszentrale für politische Bildung, 2020)

Aus obenstehender Abbildung ist zu entnehmen, dass die zehn einkommensstärksten Prozent (10. Zehntel) der deutschen Bevölkerung, 23,3% des Gesamteinkommens ausmachen. Dies ist mehr als der Anteil der untersten vier Zehntel (21,7%) zusammen.

Die einkommensschwächsten zehn Prozent (1. Zehntel) machen gerade einmal 3,2% des Gesamteinkommens in Deutschland aus. Nach wie vor herrscht, wie hier sichtbar, eine deutliche Ungleichverteilung der Einkommen in Deutschland vor. Es wird davon ausgegangen, dass auch in Friedrichshafen eine solche Einkommensverteilung vorherrscht. Daher wird dieser Faktor als neutral betrachtet.

Einen weiteren wirtschaftlichen Faktor stellt die Arbeitslosigkeit, beziehungsweise die Arbeitslosenquote, dar. Die Arbeitslosenquote im Landkreis Bodenseekreis liegt (Stand 2019) bei 2,7% und ist damit deutlich geringer als der deutsche Durchschnitt, welcher bei 5,3% liegt (Statistisches Bundesamt, 2019).

Die niedrige Arbeitslosenquote im Markgebiet spiegelt sich auch im erhöhten Kaufkraftindex wider. Beide Faktoren zeigen eine hervorragende wirtschaftliche Lage in Friedrichshafen auf. Dies erhöht bei potentiellen Kunden die Bereitschaft, Geld für Gesundheit und körperliche Fitness auszugeben. Außerdem ist anzunehmen, dass hierdurch auch die Abwanderung der Einwohner in Friedrichhafen niedrig gehalten wird.

Aktuell gibt es keine politisch-rechtlichen Faktoren, die für das Unternehmen bei der Einführung des Kursangebotes zu beachten sind.

Da die aktuellen Einschränkungen durch die Corona-Pandemie temporär sind, werden diese nicht näher erläutert.

Insgesamt lässt sich sagen, dass das Makroumfeld sehr gute Voraussetzungen schafft, um die neue Dienstleistung erfolgreich etablieren zu können. Die demografische Entwicklung zeigt einen klaren Bevölkerungszuwachs und die wirtschaftlichen Faktoren zeigen eine überdurchschnittliche Kaufkraft, sowie eine niedrige Arbeitslosenquote. Auch auf politisch-rechtlicher Ebene gibt es keine Einschränkungen.

2.3 Analyse des Mikroumfeldes

Bei der Analyse des Mikroumfeldes werden zunächst zwei Mitbewerber, im Rahmen einer Wettbewerbsanalyse, genauer untersucht. In den nachfolgenden zwei Tabellen (Tab. 1 und Tab. 2) werden die analysierten Daten, in Anlehnung an Kotler (1999, S. 115), übersichtlich dargestellt.

Tab. 1: Analyse Jumpers Fitness (in Anlehnung an Jumpers Fitness GmbH, 2021)

Mitbewerber	Jumpers Fitness GmbH
Zielvorstellung	Das Unternehmen möchte im gehobenen Discount Bereich in den nächsten Jahren weiterhin wachsen. Das langfristige Ziel des Unternehmens ist es, die vorhandenen Marktchancen weiter zu nutzen und eine umfassende nationale Marktstellung durch Zukäufe von Unternehmen zu erlangen. Als Wettbewerber gibt sich das Unternehmen eher aggressiv und möchte andere Mitbewerber vom Markt verdrängen.
Strategie	Das Unternehmen versucht, durch ein „ausgezeichnetes Preis-Leistungs-Verhältnis", eine stetig moderne Ausstattung (ausschließlich Geräte von Marktführern) und einem vielfältigen Angebot zum Erfolg zu gelangen. Demzufolge versucht das Unternehmen durch niedrige Preise (ab 19,90€ monatlich) und trotzdem guter Qualität zu punkten. Kurzfristige Maßnahmen spiegeln sich in Niedrigpreisaktionen wider. Langfristig ausgerichtet ist hingegen das Gesamtkonzept des Unternehmens, welches deutschlandweit expandiert und einheitlich verfolgt werden soll.
Stärken	<ul><li>Sehr günstiger Preis trotz vielfältigem Angebot</li><li>Inkludierter Wellness/Beauty-Bereich vorhanden</li><li>Einheitliches Studiosystem; mit einer Mitgliedschaft in allen Studios deutschlandweit trainieren können</li><li>Unternehmenszentrale führt regelmäßige Qualitätschecks durch, um Qualitätsstandards sicherzustellen</li><li>Sehr gute Verknüpfung zu sozialen Medien</li><li>35 Studios in Süddeutschland und 10 Jahre Erfahrung in der Fitnessbranche</li><li>Umfangreicher, abwechslungsreicher Kursplan</li></ul>
Schwächen	<ul><li>Sehr aufdringliche Pop-Ups auf der Homepage, die zu einer Anmeldung für ein Probetraining führen sollen. Sehr störend, da hierdurch oftmals der Bereich von wichtigem Informationstext verdeckt wird</li><li>Durch hohe Anzahl an Mitgliedern im Discount Bereich eher schlechtere Bindung zu einzelnen Kunden</li><li>Die Aufmachung des Studios spricht eher jüngere Leute an, die dem Trend folgen. Klassische Bodybuilder/Sportler könnten sich weniger angesprochen fühlen</li><li>Viele Angebote und „Trubel" im Studio lenken vom eigentlichen Training ab</li></ul>
Mögliches Reaktionsprofil	Im Falle einer Preissenkung, würde das Unternehmen eine Rabattaktion starten, um ebenfalls den Preis senken zu können (Discount Studio). Im Falle einer Preiserhöhung würde das Unternehmen das Marketing verstärkt auf den niedrigen Preis ausrichten, diesen jedoch nicht erhöhen. Wenn das eigene Unternehmen die Kommunikationsaktivitäten verstärkt, würde das Unternehmen diese ebenso verstärken. Da das Unternehmen zu einer großen Franchise-Kette gehört, stehen schnell finanzielle Mittel zur Verfügung, um eine große Marketingkampagne ins Leben zu rufen.

Tab. 2: Analyse FitnessPoint Lady (in Anlehnung an ProFerrarius GmbH & Co. KG, 2021)

Mitbewerber	FitnessPoint Lady
Zielvorstellung	Das Unternehmen strebt eine qualitative Führung an. Hierbei ist es spezialisiert auf Problemlösungen für Frauen und grenzt sich klar von „herkömmlichen" Fitnessstudios ab. Durch die Nischenstrategie strebt das Unternehmen eher eine friedliche Koexistenz an. Insgesamt weist der Marktauftritt keinen aggressiven Charakter auf.
Strategie	Das Studio generiert seinen Erfolg über das Anstreben einer Qualitätsführerschaft im Nischenbereich. Es gibt sogar eine Geld-zurück-Garantie bei Ausbleiben von Erfolgen. Des Weiteren möchte das Studio den besten Service für Frauen bieten und so den langfristigen Unternehmenserfolg sichern. Alle strategischen Maßnahmen sind langfristig ausgerichtet. Das Unternehmen gibt sich selbst als Familienunternehmen und möchte die Mitglieder langfristig binden und zu einem Teil der Familie machen. Kurzfristige Angebote (oder ähnliches) sind nicht zu finden.
Stärken	<ul><li>Das Unternehmen hat viele Kooperationspartner/Gesundheitspartner und ist demnach gut verknüpft</li><li>Integrierter Sauna- & Wellnessbereich</li><li>Sehr starke Kundenbindung durch spezielle Ansprache „von Frau zu Frau"</li><li>Ernährungsprogramm mit Bezuschussung von Krankenkassen im Angebot</li><li>Sehr großes Spektrum an Kursangeboten mit über 20 verschiedenen Kursen von zertifizierten Trainerinnen</li><li>Stark vertreten in allen Medien durch diverse Zusammenarbeiten, wie beispielsweise Sat.1 The Biggest Loser oder Youtuber Julian Zietlow</li></ul>
Schwächen	<ul><li>Studio spricht nur die Zielgruppe Frauen an und möchte keine Männer unter den Trainierenden, noch im Kollegium haben</li><li>Auf der Homepage findet man keine transparente Übersicht, in Bezug auf Vertragsmöglichkeiten und Preissystem</li><li>Studio ist eher ausgerichtet auf Gerätetraining und bietet wenig bis keine Möglichkeiten zum Freihanteltraining oder Functional Training</li></ul>
Mögliches Reaktionsprofil	Da das Unternehmen eine Nischenstrategie verfolgt und das eigene Unternehmen nicht nur diese Nische bedient (Frauen und Männer anspricht), würde es sehr wahrscheinlich nicht auf eine Preissenkung oder -anhebung reagieren. Auch bei einer verstärkten Kommunikationsaktivität würde das Studio vermutlich keine direkte Reaktion zeigen. Trotzdem ist das Unternehmen ein Mitbewerber, da es (speziell im Bereich der Kurse) bei der Zielgruppe Frauen, in Konkurrenz mit dem eigenen Unternehmen steht.

Nach der Analyse der Mitbewerbersituation ist außerdem zu analysieren, ob bestimmte Organisationen im Umfeld als Kooperationspartner in Frage kommen.

Kooperationspartner, für das neue Kursangebot, kommen zu Beginn nicht in Frage. Da das Unternehmen zu Beginn erst einmal zwei Kurse anbieten wird, ist das Kursprogramm hierfür noch zu schmal.

Vorstellbar ist aber durchaus, dass in Zukunft weitere Kurse angeboten werden und im Zuge dessen eine Kooperation nachträglich in Frage kommt. Nach der Einführung von Reha-Kursen, verordnet nach § 44 SGB IX, ist eine Kooperation mit Arztpraxen beispielsweise sehr naheliegend.

Im näheren Umkreis des Fitnessstudios befinden sich einige Gemeinschaftspraxen von Allgemeinärzten (Dr. med. Reinhard Schuon, Praxis Drs. med. Ahrens / Siebert, Dr. med. Ralf Döschl, u.w.) oder auch die Bodensee-Sportklinik Friedrichshafen (FOSSGIS e.V., 2021). Diese könnten im späteren Verlauf für eine Kooperation in Frage kommen.

3 Strategische Marketingplanung

3.1 Marketingziele

In nachfolgender Tabelle (Tab. 3) werden die langfristig festgelegten Marketingziele für das Kurs-Abo aufgezeigt. Des Weiteren werden die genannten Ziele erläutert und deren Nutzen begründet.

Tab. 3: Langfristige Marketingziele

Ziel	Begründung
Prozentualer Anteil an Neukunden pro Monat, welche eine Mitgliedschaft inkl. Kurs-Abo abschließen, bis Ende zweites Quartal in 3 Jahren auf 50% steigern	Um langfristig sicherstellen zu können, dass das spezifische Marketing für das neue Kurs-Abo wirkt, soll der Anteil dieser gesteigert werden. Durch das Steigern dieser Kennzahl, bei gleichbleibenden oder steigenden Mitgliederzahlen, wird außerdem der Umsatz des gesamten Unternehmens deutlich erhöht.
Durchschnittlicher Bruttoumsatz der Kurs-Abos (Ø der letzten 3 Monate; ohne allgemeine Mitgliedschaft) auf	Da nicht nur der prozentuale Anteil der Kurs-Abos entscheidend ist, sondern auch die Gesamtzahl der Abos bzw. deren Umsatz, wird außerdem das Umsatzziel fest-

monatlich 6.000,00€ erhöhen, bis	gelegt. Hiermit einher geht eine gewisse Anzahl an Mit-
Ende erstes Quartal in 5 Jahren	gliedern, welche das Studio durch entsprechendes Marketing aufbauen soll, um den langfristigen Unternehmenserfolg zu sichern.

Zwischen den beiden festgelegten Marketingzielen herrscht eine Zielkomplementarität. Das bedeutet, dass die Erreichung eines Ziels gleichzeitig auch das andere Ziel positiv beeinflusst und zu einer besseren Erfüllung führt (Meffert et al., 2019, S. 295f).

Durch die Erreichung eines höheren prozentualen Anteils an Neukunden mit Kurs-Abo, kann (bei gleichbleibenden oder wachsenden Mitgliederzahlen) auch das Ziel des erhöhten Umsatzes leichter erreicht werden.

Andersherum kann durch das Erreichen des Umsatzes von 6.000,00€ auch der prozentuale Anteil an Kurs-Abos der Neukunden erhöht werden. Dies ist jedoch nicht zwingend der Fall und kann somit auch eine Zielneutralität darstellen. In keinem Fall kommt es zu einem Zielkonflikt (Meffert et al., 2019, S. 295f).

Da der Bruttoumsatz der Kurs-Abos die quantitativ entscheidendere Kennzahl darstellt, wird dieses Ziel priorisiert und somit stärker gewichtet. Hierbei handelt es sich um das Oberziel. Der prozentuale Anteil der Neukunden mit Kurs-Abos, stellt ein Zwischenziel dar. Dieses soll erfüllt werden, um das Oberziel langfristig erreichen zu können (Meffert et al., 2019, S. 295f).

3.2 Marketingstrategie

Im nächsten Schritt wird eine Marketingstrategie für das neue Produkt / die neue Dienstleistung entworfen. Um eine zielgruppenorientierte Marketingstrategie aufbauen zu können, muss zuerst eine Marktsegmentierung durchgeführt werden, anschließend eine Zielmarktfestlegung stattfinden und schlussendlich eine klare Positionierung herausgestellt werden (Kotler & Bliemel, 2006, S. 415 f.).

Marktsegmentierung: Die nachfolgende Grafik soll einen Überblick geben, in welche Segmente der Markt unterteilt wird. Die Größe der verschiedenen Marktsegmente dient lediglich der Übersicht.

Abb. 4: Marktsegmentierung (eigene Darstellung)

Wie in oben aufgeführter Abbildung (Abb. 4) zu sehen ist, wurde der Markt in vier ho-
mogene Segmente/Teilmärkte unterteilt. Diese Marktsegmentierung wurde aufgrund eines verhaltensbezogenen Merkmals, dem Trainingsverhalten in Bezug auf Kurse und
Krafttraining, vorgenommen. Diese Segmentierung wurde im Markt der 15-64-Jährigen
Bürger der Stadt Friedrichshafen vorgenommen. Denn durch das in Kapitel 2.1 festge-
legte Marktgebiet, werden auch nur Personen, die in der Stadt Friedrichshafen wohnhaft
sind (geografisches Merkmal), zum Markt gezählt.

In Kapitel 1.1 wurde außerdem bereits erwähnt, dass die Hauptzielgruppe des Fitnessstudios die 15-64-Jährigen (Frauen und Männer) sind (demografische Merkmale). In nachfolgender Tabelle (Tab. 4) werden die einzelnen Marktsegmente nochmals genauer be-
schrieben und einem bestimmten Profil mit Merkmalen zugeordnet.

Tab. 4: Profile der Marktsegmente

Marktsegment	Merkmale
Marktsegment 1: Personen, die weder Krafttraining noch Kurse absolvieren (möchten)	• Kein Interesse an Fitnessangeboten vorhanden • Personen treiben anderweitig Sport oder haben kein Bedürfnis danach Sport zu treiben • Auch nach wiederholter Ansprache würden sie nie ein Fitnessstudio betreten
Marktsegment 2: Personen, die nur Krafttraining absolvieren (möchten)	• Personen trainieren ausschließlich Krafttraining • Typische Personengruppen: Bodybuilder, junge Männer, aber auch oft Übergewichtige oder Menschen mit Erkrankungen (der Gelenke oder Gefäße beispielsweise) • Trainieren meist alleine oder mit 1-2 festen Trainingspartnern • Trainieren immer zu gleichen Wochentagen und Uhrzeiten • Leben den „Fitness Lifestyle" • Konsumieren oftmals auch Supplemente bzw. Eiweißshakes
Marktsegment 3: Personen, die nur Kurse absolvieren (möchten)	• Personen, die ausschließlich wegen Kursangeboten in das Fitnessstudio kommen, reine Kurs-Gänger • Mögen es, die sozialen Kontakte im Studio zu knüpfen und „unter Leute zu kommen" • Oftmals kein fester Trainingsplan, Kurse werden oft gewechselt und nach Lust und Laune besucht • Typische Personengruppen: Frauen jungen oder mittleren Alters
Marktsegment 4: Personen, die Krafttraining und Kurse absolvieren (möchten)	• Personen absolvieren Krafttraining und Kurse • Haben ein sehr ausgiebiges Training und besitzen meist das größte Gesundheitsbewusstsein • Oftmals Ehepartner oder Freunde mittleren oder höheren Alters, welche zusammen trainieren • Oftmals Personen, die schon sehr lange Sport treiben

Zielmarktfestlegung: Da das Unternehmen nicht alle Segmente des Marktes bearbeiten möchte, spricht man von einer partiellen Marktabdeckung (Homburg & Krohmer, 2006, S. 407).

Um die einzelnen Segmente (1-4) aus Tab. 4 bewerten zu können, werden diese in Hinblick auf Zielsetzung und Ressourcen des Unternehmens geprüft (Kotler & Bliemel, 2006, S. 452 ff.).

Das Marktsegment 1 stellt kein attraktives Marktsegment dar, da das Unternehmen hier kein passendet Angebot unterbreiten kann. Das Unternehmen bietet Krafttraining und Kurse an. Daher würde hier keine Überschneidung der Interessen stattfinden.

Die Bearbeitung des Marktsegments 2 unterstützt zwar nicht direkt die aktuelle Einführung des Kurs-Abos, jedoch stellt Krafttraining eine grundlegende Ressource des Unternehmens dar. Daher stellt dieses Segment dennoch eine gewisse Attraktivität dar.

Dem Marktsegment 3 kann durch die Einführung der Kurse ein passendes Angebot unterbreitet werden. Da zukünftig verschiedene Kurse angeboten werden, stellt dieses Segment eine hohe Attraktivität durch große Wachstumschancen dar.

Marktsegment 4 bietet die höchste Attraktivität, da es sich am stärksten mit den unternehmerischen Zielen vereinbaren lässt. Das Unternehmen ist spezialisiert auf Krafttraining und zukünftig auch Kurse. Genau diese Ressourcen werden von Marktsegment 4 gefordert.

Vom Unternehmen werden daher die Segmente 2-4 ausgewählt. Segment 1 stellt keine Attraktivität dar. Die Segmente 2-4 lassen sich mit den unternehmerischen Ressourcen vereinbaren und bieten passende Angebotsmöglichkeiten.

Das Marketingprogramm des Unternehmens wird undifferenziert entworfen. Die segmentspezifische Marktbearbeitungsstrategie ist demnach die konzentriert-undifferenzierte Marketingstrategie (Becker, 2013, S. 237).

Hiermit kann das Unternehmen gezielt die Segmente 2-4 ansprechen, jedoch werden die Unterschiede zwischen den Segmenten vernachlässigt. Das Unternehmen versucht hierdurch, die größtmögliche Anzahl an potentiellen Kunden anzusprechen (Becker, 2013, S. 237).

Positionierung: Das Unternehmen möchte von potentiellen Kunden als Leistungsträger wahrgenommen werden. Das Studio soll sich durch seine qualitativen Angebote von der Konkurrenz abgrenzen, bei welchen man sich auf den Sport, d.h. das Krafttraining und die Kurse, fokussieren kann und nicht abgelenkt wird. Der Fokus liegt bei Connys Kraftstube auf der Leistungserbringung. Im Kopf bleiben sollen vor allem auch die hoch qualifizierten Trainer und Kurstrainer, die immer kompetente Trainingsratschläge geben können. Bei den Kursen soll die Qualität, durch ein angenehmes Ambiente und funktionell wirksame Kursprogramme mit lizensierten Trainern, das Alleinstellungsmerkmal darstellen.

Die Positionierungsstrategie dahinter ist die Abgrenzung gegenüber der Konkurrenz, durch klares Herausstellen von Qualitätsmerkmalen. Da es im Umkreis einige Fitnessstudios gibt, die ein ähnliches Angebot haben, muss ein Alleinstellungsmerkmal bei der Zielgruppe quasi hervorgerufen werden, wenn es faktisch kaum noch realisierbar ist (Pepels, 2012, S. 97 f.).

Als Alleinstellungsmerkmal (USP) soll daher die Qualität des Studios geltend gemacht werden. Dieses USP wird untermalt durch den Fokus auf das Training und einer transparenten Kontrahierungspolitik.

Des Weiteren muss eine Marktfeldstrategie, eine Wettbewerbsstrategie und eine Markenstrategie ausgearbeitet werden, um das Unternehmen strategisch auf seine Marketingziele ausrichten zu können.

Marktfeldstrategie: Die Marktfeldstrategie ist maßgeblich verantwortlich dafür, wie das Unternehmen sich entwickelt und in welchen Bereichen es wächst (Becker, 2013, S. 148) und stellt damit einen zentralen Bestandteil der Gesamtunternehmensstrategie dar. Die Produkt-Markt-Matrix nach Ansoff gibt hierbei vier Basisstrategien vor, welche sich in der Art der Märkte und Leistungen unterscheiden (Weis, 1999, S. 77).

Hierbei erläutert Weis (1999, S.77), dass es sich bei einem bestehenden Markt und einer bestehenden Leistung um eine Marktdurchdringung handelt, welche darauf abzielt, den Marktanteil zu vergrößern und das Marktvolumen auszuweiten. Bei einem bestehenden Markt und einer neuen Leistung spricht man von einer Produktentwicklung, welche darauf ausgerichtet ist, (für das Unternehmen) neue Produkte auf den Markt zu bringen oder Produktvariationen zu entwickeln. Handelt es sich um eine bestehende Leistung auf einem neuen Markt, spricht man von Marktentwicklung. Darunter versteht man das Anbieten eines gegenwärtigen Produktes auf einem neuen Markt, beispielsweise auf einem geografisch neuen Markt oder einer neuen Abnehmergruppe (Zielgruppe). Die vierte Strategie beschreibt eine neue Leistung auf einem neuen Markt und wird Diversifikation genannt. Unterschieden wird hierbei, je nach Zusammenhang mit dem bisherigen Produktionsprogramm, zwischen horizontaler, vertikaler oder lateraler Diversifikation.

In nachfolgender Tabelle (Tab. 5) werden die einzelnen Strategien nochmals übersichtlich dargestellt.

Tab. 5: Produkt-Markt-Matrix nach Ansoff (modifiziert nach Weis, 1999, S. 77)

Leistungen / Märkte	bestehende	neue
bestehende	Marktdurchdringung ➤ Marktbesetzung ➤ Marktverdrängung	Marktentwicklung ➤ Internationalisierung ➤ Marktsegmentierung
neue	Produktentwicklung ➤ Produktinnovation ➤ Produktdifferenzierung	Diversifikation ➤ vertikal ➤ horizontal ➤ lateral

Im Fall von Connys Kraftstube handelt es sich um eine horizontale Diversifikation. Das Unternehmen erweitert sein bisheriges Programm (hauptsächlich Krafttraining) um neue Leistungen (Kurse), die in einem sachlichen Zusammenhang und auf derselben Wertschöpfungsstufe stehen (Weis, 1999, S. 77 f.).

Es wird demnach die neue Leistung der Kurse auf dem neuen Markt mit der Zielgruppe der Kurstrainierenden angeboten.

Wettbewerbsstrategie: Nach Porter (2000, S. 37) lassen sich grundsätzlich die drei Wettbewerbsstrategien der Kostenführerschaft, der Differenzierung und der Nischenorientierung unterscheiden.

Das hier vorliegende Unternehmen verfolgt die Strategie der Differenzierung/Qualitätsführerschaft. Durch das Hervorheben von Qualitätsmerkmalen möchte das Unternehmen ein Alleinstellungsmerkmal in der Branche darstellen (Kotler & Bliemel, 2006, S. 139).

Als Qualitätsmerkmale bei den Kursen werden unter anderem die Effektivität und die kompetenten Kurstrainer herausgestellt.

Außerdem kann ein Unternehmen durch Verfolgen einer Differenzierungsstrategie höhere Preise durchsetzen (Porter, 2000, S. 41). Wie in Kapitel 1.2.3 aufgezeigt, liegen die Preise des Studios auch eher im mittleren bis höheren Bereich.

Markenstrategie: Das Unternehmen verfolgt (im horizontalen Wettbewerb) die Markenstrategie der Dachmarkenstrategie. Alle Produkte und Dienstleistungen, welche das Unternehmen „Connys Kraftstube" anbietet, werden unter demselben Namen (Dachmarke) angeboten und zusammengefasst (Bruhn, 2016, S. 145 ff.).

Der Name des Fitnessstudios stellt sozusagen den Markennamen dar. Durch die Dachmarkenstrategie kann eine unverwechselbare Markenidentität aufgebaut werden und sollte das Studio einmal expandieren, entstünden so positive Ausstrahlungseffekte auf das neue Fitnessstudio (Bruhn, 2016, S. 145 ff.).

4 Kommunikationskonzept

4.1 Erläuterung und Inhalt des Konzeptes

Das Kommunikationskonzept wurde mithilfe von fünf verschiedenen kommunikationspolitischen Instrumenten entwickelt. Die Instrumente wurden so gewählt, dass damit eine möglichst große Reichweite, innerhalb der festgelegten Zielgruppe, erreicht werden kann. Es werden klassische (z.B. Werbung), als auch moderne Instrumente (z.B. online Marketing) eingesetzt, um möglichst alle Altersklassen (15-64-Jährige) zu erreichen.

Des Weiteren setzt sich das Konzept aus Instrumenten zusammen, die auf unterschiedlichsten Ebenen des Alltags beim potentiellen Kunden einwirken. So werden Instrumente eingesetzt, die Marketing auf postalischem Weg verbreiten, wie Flyer, aber auch Instrumente die ihre Wirkung vor Ort zeigen, wie Events oder der persönliche Verkauf. Des Weiteren wird auch online Werbung gemacht, um möglichst viele Kontaktmöglichkeiten zu bieten.

In nachfolgender Tabelle (Tab 6.) wird eine Übersicht der Werbeinstrumente und deren Verwendung gegeben und anschließend werden diese näher erläutert und begründet.

Tab. 6: Übersicht Werbeinstrumente

Werbeinstrument	Erläuterung
Werbung	• Klassische Werbung wird als Absatzwerbung genutzt • Als Werbemittel werden Flyer eingesetzt • Diese werden im gesamten Stadtgebiet Friedrichshafen in allen Haushalten verteilt
Verkaufsförderung	• Im Zuge der Verkaufsförderung werden Gutscheine genutzt • Diese werden an Bestandsmitglieder im Studio ausgegeben • Jedes Mitglied bekommt einen Gutschein, mit welchem zwei Kurse absolviert („getestet") werden können + zwei weitere persönlich adressierte Gutscheine für Freunde, Bekannte etc.
Eventmarketing	• Das Unternehmen wird ein Event organisieren, um ein emotionales Erlebnis bei ihren (potentiellen) Kunden zu generieren • Es wird ein „Tag der offenen Tür" stattfinden, bei welchem man in die neuen Kurse schnuppern kann, auch als Nicht-Mitglied kostenfrei trainieren kann und durch ein Catering ist für ausreichend Verpflegung gesorgt • Außerdem findet an diesem Tag ein spezielles Angebot statt, bei welchem Kunden das Kurs-Abo bis zu 12 Wochen kostenlos erhalten können
Online Marketing	• Hierfür wird Social-Media-Marketing genutzt • Auf Facebook werden zwei beworbene Beiträge geschaltet • Einmal ein Beitrag zur Information der Einführung des Kurs-Abos, beziehungsweise der neuen Kurse • Außerdem wird eine beworbene Facebook Veranstaltung erstellt zum oben genannten Event
Persönlicher Verkauf	• Durch terminierte oder spontane Probetrainings und Beratungsgespräche vor Ort (im Studio) wird permanent persönlicher Verkauf betrieben • Hierbei versuchen die Berater einen Abschluss zu erzielen, mit Präferenz inklusive des Kurs-Abos • Zusätzlich werden hierfür Verkaufsbroschüren gedruckt, diese unterstützen den Berater durch visuell beim Verkauf

Im Zuge des Instrumentes Werbung wird die Form der Absatzwerbung genutzt. Hierbei handelt es sich um eine Unterform der Werbung. Diese hat zum Ziel potentielle Käufer (hier Mitglieder) in ihrer Kaufentscheidung zu beeinflussen, beziehungsweise zum Kauf der Leistungen des werbenden Unternehmens anzuregen (Weis, 2009, S. 454).

Mithilfe einer Einführungswerbung soll erstmalig für das neue Kurzprogramm geworben werden, um dessen Bekanntheitsgrad zu steigern (Weis, 2009, S. 459).

Als Werbemittel dienen Flyer. Der Vorteil hierbei ist der relativ günstige Kostenfaktor, bei einer hohen Anzahl an Flyern die verteilt werden können (siehe Kapitel 4.2).

Als weiteres Instrument wird die Verkaufsförderung in Form von Gutscheinen eingesetzt. Diese werden an Bestandsmitglieder im Studio verteilt und sollen so den Verkauf, und/oder das Upgrade, des Kurs-Abo erhöhen. Außerdem soll der Bekanntheitsgrad, durch die verschenkbaren Gutscheine, erhöht werden. Durch diese Aktion soll der Absatz langfristig, aber auch kurzfristig, erhöht werden (Nieschlag et al., 2002, S. 992).

Mit Eventmarketing wird versucht, durch ein Erlebnis (ein Event), dem potentiellen Kunden etwas Besonderes zu bieten, um so eine positive Einstellung zum Unternehmen zu erzeugen (Homburg, 2012, S. 819).

Da gerade bei Dienstleistungen die Schwierigkeit darin besteht, Vertrauen aufzubauen, wird durch ein Event versucht eine Bindung aufzubauen, oder eine bestehende Bindung zu verstärken. Beim geplanten Event handelt es sich um ein sogenanntes externes Infotainment, da alle externen Personen die Möglichkeit haben, etwas über das neue Produkt zu erfahren und gleichzeitig das Image verbessert werden soll (Meffert et al., 2019, S. 770).

Durch eine angenehme Atmosphäre, unterstützt durch das Catering, wird das Vorhaben nochmals verstärkt.

Im Bereich online Marketing werden die sozialen Medien genutzt. Der Vorteil hierbei ist, dass nicht nur das Unternehmen in Kommunikation mit den Kunden steht, sondern auch die Kunden/Konsumenten untereinander. Dies bedeutet, dass sich Erfahrungen mit einem Unternehmen, zwischen Gleichgesinnten, leicht austauschen lassen. Da hierdurch nicht nur Informationen (Content), welche vom Unternehmen gegeben werden, sondern auch nutzergenerierter Content im Vordergrund steht, entsteht ein plattformübergreifendes Geflecht an Informationen (Meffert et al., 2019, S. 719).

Dies möchte das Unternehmen nutzen, um ein positives Image auch im Netz aufzubauen. Social-Media-Marketing soll über die beliebte Plattform Facebook betrieben werden, da diese immer noch von 64% der Internetnutzer in Deutschland regelmäßig besucht wird und so eine große Reichweite verspricht (Kemp, 2020, zitiert nach Statista 2020).

Die beworbenen Beiträge verhelfen zu einer stärkeren Verbreitung im Netz und erhöhen nachhaltig den Bekanntheitsgrad.

Der persönliche Verkauf im Dienstleistungsbereich bietet die größte Möglichkeit, beim potentiellen Kunden Vertrauen zu gewinnen, und durch einen positiven Beziehungsaufbau eine Verkaufsgrundlage zu schaffen (Kotler & Bliemel, 2006, S. 915 f.).

Man versteht unter persönlichem Verkauf allgemein einen zwischenmenschlichen Prozess, bei dem der Marktpartner über sein Angebot informiert, über Auswahlmöglichkeiten berät und somit zu einem Kauf / einer Vertragsunterzeichnung gelangen möchte (Weis, 1999, S. 481).

Für Dienstleistungsunternehmen ist der Prozess sehr wichtig für eine langfristige Kundenbindung. Der persönliche Verkauf ist immer gegeben, wenn potentielle Kunden das Fitnessstudio betreten, sich über das Studio informieren, beziehungsweise einen Vertrag abschließen möchten und stellt somit ein elementares Instrument dar.

Um das Kommunikationskonzept cross-medial bestens ausrichten zu können, werden noch weitere Verfeinerungen vorgenommen. In nachfolgender Abbildung (Abb. 5) wird visuell dargestellt, wie die einzelnen kommunikationspolitischen Instrumente des Konzeptes miteinander zusammenhängen.

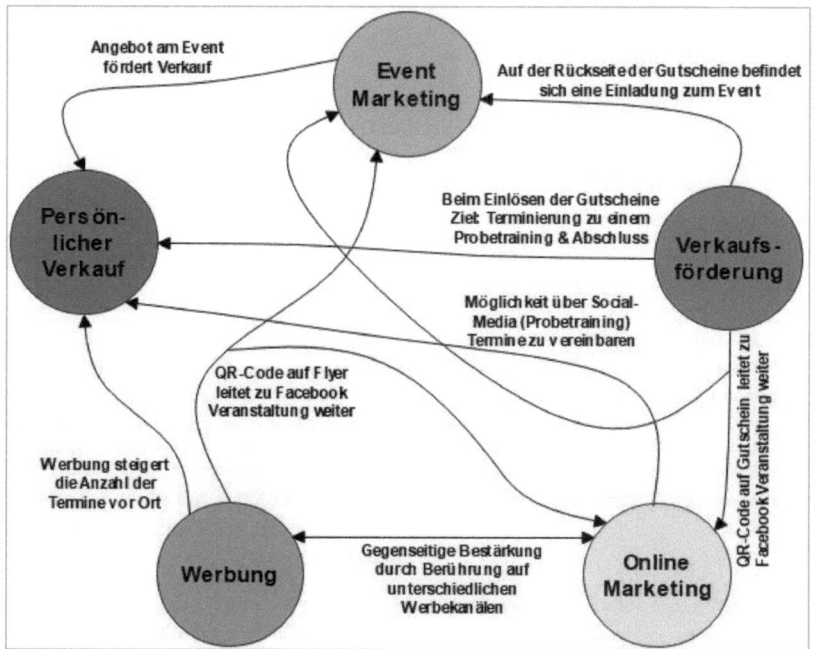

Abb. 5: Cross-mediale Verknüpfung (eigene Darstellung)

4.2 Budgetabgleich

Für das Marketing wird von der Geschäftsführung ein Budget von zwei Prozent des Jahresumsatzes zugesichert. Connys Kraftstube zählt aktuell circa 1.500 Mitglieder. Eine Mitgliedschaft kostete bisher 11,90€ pro Woche. Zur Vereinfachung der Berechnung wird nur der Jahresumsatz aus Mitgliedschafen herangezogen.

Rechnung: 11,90€ x 52 Wochen x 1.500 Mitglieder = 928.200,00€ Jahresumsatz
928.200,00 x 0,02 (2%) = 18.564,00€ Marketingbudget

In nachfolgender Tabelle (Tab. 7) werden die Vorhaben, des in Kapitel 4.1 erstellten Kommunikationskonzeptes, konkret weitergeführt und die anfallenden Kosten übersichtlich dargestellt. Außerdem werden die Kosten dem Budget gegenübergestellt und ein Saldo berechnet.

Tab. 7: Kostenaufstellung Kommunikationskonzept

Vorhaben	Kosten
Flyer drucken und im Stadtgebiet Friedrichshafen (Postleitzahlen 88045, 88048 und 88046) an einem Samstag verteilen lassen	2.459,00€ für 19.088 Flyer DIN A5 zweiseitig bedruckt, normaler Druck in Farbe (SAXO-PRINT GmbH, 2021)
Gutscheine drucken und an Connys Kraftstube versenden lassen, 3 Gutscheine pro Mitglied	479,99€ für 5000 Flyer inklusive Versand, klassischer Gutschein in Bilderdruck (FLYERALARM GmbH, 2021)
Catering im Raum Friedrichshafen für den Tag der offenen Tür buchen	5.925,00€ für ein „Regionales Fingerfoodbuffet", Preis wurde kalkuliert mit Essen für 250 Personen (Zehrer Gastronomie GmbH, 2018)
Schalten von zwei beworbenen Beiträgen auf Facebook für ca. 3 Wochen	750,00€ heruntergerechnet auf eine Zielgruppe von 60.000 Personen, für eine Dauer von 20 Tagen bei zwei beworbenen Beiträgen (Asser, o. D.)
Broschüren zur Hilfe beim Verkaufsgespräch/Beratung drucken und liefern lassen	569.53€ für 500 Stück, Größe DIN A4, 16-seitig mit Premium Druck und Papier (Buch- und Offsetdruckerei Häuser KG, 2020)
Kosten gesamt	10.183,52€
Marketingbudget	18.564,00€
Saldo	+ 8.380,48€

Da im Budgetabgleich lediglich die reinen Marketingkosten gegenübergestellt wurden sind darin die Personalkosten der Mitarbeiter des Fitnessstudios (während des Events oder im persönlichen Verkauf) nicht enthalten.

Es ist ersichtlich geworden, wie hoch die Kosten für das geplante Kommunikationskonzept sind. Das eingeplante Marketingbudget wurde nur in etwa zur Hälfte (55%) aufge-

braucht. Somit könnten noch weitere Marketingmaßnahmen im Rahmen des Kommunikationskonzeptes durchgeführt werden, oder das eingesparte Budget für andere Investiti-
onen im Studio eingesetzt werden. Auch wäre denkbar, das eingesparte Marketingbudget
für eine zusätzliche Kampagne im Laufe des Jahres zu verwenden.

4.3 Marketingcontrolling

Neben dem Budgetabgleich werden zur Kontrolle der Marketingaktivitäten zwei weitere
Kennzahlen erhoben. Diese wurden speziell ausgewählt, um das Erreichen der zuvor festgelegten Ziele messbar machen zu können.

Die erste Kennzahl ist folgende:

- Anzahl der Neukunden mit Kurs-Abo pro Monat (kumuliert), die aufgrund von
  Marketingmaßnahmen (Flyer, Gutscheine, Facebook Beiträge), auf das Unternehmen aufmerksam geworden sind

Durch diese Kennzahl kann die Wirksamkeit der Marketingmaßnahmen sichtbar gemacht
werden. Es wird ersichtlich wie viele der Neukunden aufgrund der geplanten Marketingmaßnahmen einen Vertrag abschließen. Die potentiellen Neukunden sollten durch Flyer,
verteilte Gutscheine, beworbene Facebook Beiträge und dem damit verbundenen Tag der
offenen Tür, auf das Fitnessstudio aufmerksam gemacht werden. Weiterhin kann mit dieser Kennzahl festgestellt werden, ob die in Kapitel 3.1 festgelegten Ziele erreicht werden.
Wenn die oben dargestellte Kennzahl steigt, wird außerdem gewährleistet, dass der prozentuale Anteil der Neukunden mit Kurs-Abo allgemein ansteigt. Außerdem wird durch
die Erhöhung der Neukunden mit Kurs-Abo (bei gleichbleibenden Kündigungszahlen)
der Umsatz der Kurs-Abos gesamt (zweites Ziel) erhöht. Des Weiteren kann in den folgenden Monaten festgehalten werden, wie sich diese Kennzahl verändert.

Die zweite Kennzahl zur Überprüfung der Marketingaktivitäten ist folgende:

- Anteil der Gäste/Nicht-Mitglieder in Kursen, die in den folgenden 14 Tagen eine
  Mitgliedschaft mit Kurs-Abo abgeschlossen haben.

Hiermit gemeint sind die „schnuppernden" Gäste bei Kursen im Studio, die aufgrund von
Gutscheinen, oder am Tag der offenen Tür, das Studio besucht haben. Mit dieser Kennzahl kann zum einen festgestellt werden, wie gut die Kurse ankamen (bisher noch nicht
berücksichtigt), aber auch wie stark das Marketing für die Kurse überzeugt hat. Durch die

Steigerung dieser Kennzahl kann außerdem der durchschnittliche Umsatz der Kurs-Abos gesteigert werden. Auch der prozentuale Anteil der Neukunden mit Kurs-Abo kann unter gewissen Umständen gesteigert werden.

Die ausgewählten Kennzahlen sind speziell auf das hier vorgestellte Marketingkonzept ausgerichtet worden und stellen nur einen Teil eines vollständigen Marketingcontrollings dar.

Für ein vollständiges Marketingcontrolling sollten neben operativen Controllingansätzen (Kennzahlen für die Bestimmung von Effizienz, Rentabilität oder auch Unternehmensimage) auch strategische Ansätze (Kennzahlen wie Marktanteil oder auch umfassende Umwelt- und Unternehmensanalysen) einen festen Bestandteil ausmachen (Becker, 2009, S.861 ff.).

5   Literaturverzeichnis

Asser, S. (o. D.). *Das kostet eine Werbeanzeige auf Facebook.* Zugriff am 10.04.2021.
Verfügbar unter https://sandyasser.de/das-kostet-eine-werbeanzeige-auf-facebook/

Barth, K., Hartmann, M. & Schröder, H. (2007). *Betriebswirtschaftslehre des Handels* (6.
Aufl.). Wiesbaden: Gabler.

Becker, J. (2009). *Marketing-Konzeption. Grundlagen des ziel-strategischen und operativen Marketing-Managements* (9., aktualisierte und erg. Aufl.). München: Vahlen.

Becker, J. (2013). *Marketing-Konzeption. Grundlagen des ziel-strategischen und operativen Marketing-Managements* (10. Aufl.). München: Vahlen.

Bruhn, M. (2016). *Marketing. Grundlagen für Studium und Praxis* (13., aktualisierte Aufl.). Wiesbaden: Springer-Gabler.

Bruhn, M. & Meffert, H. (2012). *Handbuch Dienstleistungsmarketing. Planung – Umsetzung – Kontrolle* (7. Überarbeitete und erweiterte Aufl.). Wiesbaden: Springer Gabler.

Buch- und Offsetdruckerei Häuser KG. (2020). *DruckDiscount24 - Broschüren günstig online drucken lassen.* Zugriff am 10.04.2021. Verfügbar unter https://www.druckdiscount24.de/broschueren#/show/10_5_16_7_8_84_108_-1_-1_500

Bundeszentrale für politische Bildung. (2020). *Einkommensverteilung - Nach Zehnteln (Dezile), Anteile am Gesamteinkommen in Prozent, Personen in Privathaushalten auf Grundlage des verfügbaren und gewichteten Haushaltseinkommens, 1991 und 2016.* Zugriff am 18.03.2021. Verfügbar unter https://www.bpb.de/nachschlagen/zahlen-und-fakten/soziale-situation-in-deutschland/61769/einkommensverteilung#:~:text=In%20Deutschland%20sind%20die%20Einkommen,(21%2C7%20Prozent).

FLYERALARM GmbH. (2021). *Gutscheine und Coupons – Gutscheine bestellen.* Zugriff am 10.04.2021. Verfügbar unter https://www.flyeralarm.com/de/shop/option/index/id/74/quantity/7883548/shipping/1#options

FOSSGIS e.V.. (2021). *OpenRouteService* [Website für Routen-Service]. Zugriff am 15.03.2021. Verfügbar unter https://openrouteservice.org/

Homburg, C. & Krohmer, H. (2006). *Grundlagen des Marketingmanagements* (2. Aufl.). Wiesbaden: Gabler.

Homburg, C. (2012). *Marketingmanagement. Strategie – Instrumente – Umsetzung – Unternehmensführung* (4., überarbeitete u. erw. Aufl. 2012). Wiesbaden: Springer Gabler.

Jumpers Fitness GmbH. (2021). *Jumpers Fitness – Dein Fitnessstudio in Friedrichsha-fen.* Zugriff am 22.03.2021. Verfügbar unter https://www.jumpers-fitness.com/ studios/friedrichshafen

Jung, H. (2006). *Allgemeine Betriebswirtschaftslehre* (10., überarbeitete Aufl.). München: Oldenbourg.

Kemp, S. (2020). *DIGITAL 2020: GLOBAL DIGITAL OVERVIEW.* In Statista. Zugriff am 04.04.2021, von https://de.statista.com/statistik/daten/studie/505947/ umfrage/reichweite-von-social-networks-in-deutschland/

Kotler, P. (1999). *Marketing. Märkte schaffen, erobern und beherrschen.* München: Econ.

Kotler, P. & Bliemel, F. (2006). *Marketing-Management. Analyse, Planung und Verwirk-lichung* (10., überarbeitete und aktualisierte Aufl.). München: Pearson.

Kulling, U. (2011). Im Blickpunkt: Die Stadt Friedrichshafen. *Statistisches Monatsheft Baden-Württemberg, 9/2011,* 48-50.

Meffert, H., Burmann, C., Kirchgeorg, M. & Eisenbeiß, M. (2019). *Marketing. Grundla-gen marktorientierter Unternehmensführung* (13., überarbeitete und erweiterte Aufl.). Konzepte – Instrumente – Praxisbeispiele. Wiesbaden: Springer-Gabler.

Michael Bauer Research GmbH. (2020). *Kaufkraft 2020 in Deutschland: Stadt- und Landkreise – wichtigste Variablen.* Zugriff am 18.03.2021. Verfügbar unter https://www.mb-research.de/_download/MBR-Kaufkraft-Kreise.pdf

Nieschlag, R., Dichtl, E. & Hörschgen, H. (2002). *Marketing* (19., überarbeitete und er-gänzte Aufl.). Berlin: Duncker & Humblot.

Pepels, W. (2012). *Handbuch des Marketing* (6., überarbeitete und erw. Aufl.). München: Oldenbourg

Porter, M. E. (2000). *Wettbewerbsvorteile. Spitzenleistungen erreichen und behaupten* (6. Aufl.). Frankfurt: Campus.

ProFerrarius GmbH & Co. KG. (2021*). FitnessPoint Lady – Frauen-Fitnessstudio Fried-richshafen.* Zugriff am 22.03.2021. Verfügbar unter https://fitnesspoint -lady.com/frauen-fitness-friedrichshafen

SAXOPRINT GmbH. (2021). *SAXOPRINT Verteilservice – Drucken und Verteilen.* Zu-griff am 10.04.2021. Verfügbar unter https://www.saxoprint.de/verteilservice

Stadtverwaltung Friedrichshafen. (2019). *Zahlen, Daten & Fakten.* Zugriff am 17.03.2021. Verfügbar unter https://www.friedrichshafen.de/buerger-stadt/ stadtportraet/zahlen-daten-fakten/

Stadtverwaltung Friedrichshafen. (2021). *Bürger & Stadt – Stadtteile*. Zugriff am 16.03.2021. Verfügbar unter https://www.friedrichshafen.de/buerger-stadt/stadtportraet/stadtteile/

Statistisches Bundesamt. (2019). *Strukturdaten Bodenseekreis – Der Bundeswahlleiter*. Zugriff am 18.03.2021. Verfügbar unter https://www.bundeswahlleiter.de/europawahlen/2019/strukturdaten/bund-99/land-8/kreis-8435.html#top

Statistisches Bundesamt. (2020). *Bevölkerung: Deutschland, Stichtag, Altersjahre*. In Statista. Zugriff am 17.03.2021, von https://de.statista.com/statistik/daten/studie/237683/umfrage/anteil-der-bevoelkerung-zwischen-15-und-64-jahren-in-deutschland/

Statistisches Landesamt Baden-Württemberg. (2019). *Bevölkerung nach Nationalität und Geschlecht – vierteljährlich*. Zugriff am 15.03.2021. Verfügbar unter https://www.statistik-bw.de/BevoelkGebiet/Bevoelk_I_D_A_vj.csv

Weis, H. C. (1999). *Marketing* (11., verbesserte und aktualisierte Aufl.). Ludwigshafen (Rhein): Kiehl.

Weis, H. C. (2009). *Marketing* (15., verbesserte und aktualisierte Aufl.). Ludwigshafen (Rhein): Kiehl.

Zehrer Gastronomie GmbH. (2018). *Unser Catering & Partyservice* [Broschüre]. Zugriff am 15.03.2021. Verfügbar unter https://www.zehrer-gastronomie.de/wp-content/uploads/2020/05/Zehrer_Broschuere_Partyservice_2020_Bruttopreise.pdf

Zimmermann, M. (2002). *Standortplanung für Dienstleistungsunternehmen. Das Beispiel multifunktionelle Sportanlagen*. Wiesbaden: Deutscher Universitäts-Verlag.

6 Abbildungs- und Tabellenverzeichnis

6.1 Abbildungsverzeichnis

6.2 Tabellenverzeichnis